CATALOGUE

DE

DESSINS, AQUARELLES

ÉTUDES PEINTES ET CROQUIS,

DE

RAFFET

Dont la Vente aura lieu par suite de son Décès

AINSI QUE DES

ARMES, COSTUMES, PLATRES ET OBJETS DIVERS

COMPOSANT SON ATELIER

HOTEL DROUOT

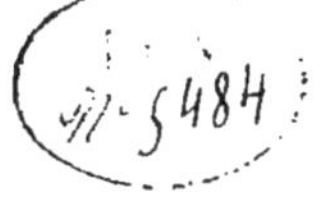

SALLE Nº 5

Les Jeudi 10, Vendredi 11 et Samedi 12 Mai 1860, à 2 heures

Par le ministère de Me **DELBERGUE-CORMONT**, Commre-Priseur,
rue de Provence, 8,

Assisté de M. **Francis PETIT**, Expert, rue de Provence, 43,

CHEZ LESQUELS SE DISTRIBUE LE PRÉSENT CATALOGUE.

EXPOSITION PUBLIQUE

Le Mercredi 9 Mai 1860, de 1 heure à 5 heures.

1860

Le Catalogue des **Estampes**, **Eaux-Fortes et Lithographies** se distribue chez M. VIGNÈRES, rue Baillet, nº 1.

CONDITIONS DE LA VENTE

Elle sera faite au comptant.

Les acquéreurs paieront, en sus des adjudications, CINQ pour cent applicables aux frais.

ORDRE DES VACATIONS

PREMIÈRE VACATION : Jeudi 10 Mai.

Les Etudes peintes;
Les Dessins et Aquarelles.

DEUXIÈME VACATION : Vendredi 11.

Fin des Dessins et Aquarelles;
Croquis en feuilles.

TROISIÈME VACATION : Samedi 12.

Fin des Croquis en feuilles;
Armes, Costumes, Chevalets, Objets divers.

Raffet vient de mourir !

Ses études peintes, ses croquis, ses dessins et compositions, tout cela va être vendu.

Indépendamment du mérite artistique qui se rattache à ses travaux, on peut consulter avec certitude tout ce qu'il a produit, tant il joignait à la fécondité d'un immense talent, l'exactitude la plus scrupuleuse; il savait donner à ses compositions le charme, la vigueur et la poésie qui révèlent le grand artiste, et jamais il ne cherchait un effet de convention aux dépens de la vérité.

Avec lui, rien n'est omis ou négligé, le soldat de la République, de l'Empire, de la Restauration, et de notre jeune armée, ne se reconnaît pas seulement à son uniforme, mais encore à son équipement, dont il a suivi toutes les transformations dans ces diverses périodes. Il en est de même de ses types qui étaient pour lui une étude sérieuse et approfondie, aussi Français, Anglais, Russes, Tatars, Espagnols, Italiens, Autrichiens, etc., se distinguent autant par la physionomie et la tournure que par le costume, car rien n'échappait à son talent consciencieux et à son œil observateur. Raffet, d'abord élève de M. Riban, artiste peintre sur porcelaine, entrait, en 1824, à l'atelier de Charlet, qu'il quittait en 1827 pour travailler chez lui; deux ans plus tard, un ardent désir de progresser le fit entrer chez Gros, où il dut à son talent précoce l'attention toute particulière qu'eut pour lui son illustre maître!

En 1832, il suivit l'expédition d'Anvers, qu'il publiât en 24 planches; il fit les dessins des *Journées de la Révolution*, *la Némésis*, *Napoléon en Égypte*, *le Fils de l'Homme*, *l'Histoire de Napoléon de Norvins*, *Walter Scott*, *Chateaubriand*, *etc.* Qui ne se souvient de *la Prise du fort Mulgrave;* de *Lutzen; Secourez la Vivandière; la Dernière charrette; la Dernière charge des Lanciers rouges à Waterloo; la Retraite du bataillon sacré; la Revue nocturne; le Réveil*. Toutes ces sublimes et poétiques créations sont de grands tableaux d'histoires, de véritables chefs-d'œuvre qui vous serrent le cœur ou vous élèvent l'âme, soit qu'ils vous fassent assister à un drame révolutionnaire ou à une de nos grandes batailles.

En 1837, Raffet fit le *Voyage dans la Russie méridionale et la Crimée*, pour le prince Anatole de Demidoff, dont il devint l'ami le plus dévoué; cette magnifique collection de 100 tableaux, au nombre desquels est *la Famille tatare en voyage, la Sortie de la Mosquée*, *etc.*, *etc.*, est le plus grand et le plus bel ouvrage que puisse créer un seul artiste. Il publia *la Retraite et la Prise de Constantine;* les belles planches ayant pour titres : *A nous 2e léger! le Drapeau du 17e léger; le Bataillon carré; le Combat d'Oued-Alleg; la Fuite des Arabes et les Portes de Fer* qu'il illustra en collaboration avec Dauzats et Decamps. Ces immenses travaux placèrent Raffet au premier rang de nos célébrités artistiques et contemporaines.

Raffet arrivait à Paris le 13 janvier dernier, venant de Vienne, où il était allé passer une quinzaine de jours auprès du prince A. de Demidoff, il quittait Paris le 9 février pour retourner à San Donato, près Florence, où il allait terminer le *Siége de Rome*, et publier *le Voyage en Espagne* pour le prince, ainsi qu'un cahier sur la dernière guerre d'Italie, la mort est venue l'enlever brusquement dans toute la force de l'âge et de son beau talent !

Raffet (Denis-Auguste-Marie), était né à Paris, le 1er mars 1804, il expirait à Gênes, à l'hôtel Feder, le 16 février 1860.

AUGUSTE BRY.

ÉTUDES PEINTES

Black — 1 — Soldats de la République. — 1650.

Cinq études sur la même toile.

H. 42 c. L. 75 c.

Serrat — 2 — Moines et soldats. — 300.

Cinq études sur la même toile.

H. 35 c. L. 80 c.

Serrat — 3 — Deux soldats de la République. — 500.

H. 65 c. L. 55 c.

Gibaut — 4 — Grenadier de la République présentant les armes. — 280.

H. 40 c. L. 32 c.

Serrat — 5 — Un soldat de la République. — 150.

Figure couchée.

H. 32 c. L. 40 c.

Giacomelli — 6 — Deux soldats de la République. — 620.

L'un armant son fusil.

H. 38 c. L. 45 c.

Julian — 7 — Un soldat de la République apprêtant son arme. — 200.

H. 32 c. L. 24 c.

Cain / Lainé — 8 et 9 — Deux soldats de la République. — n° 9 — 320. / — 8 — 200.

Deux études.

H. 40 c. L. 32 c.

10 — Lanciers.

Deux études sur la même toile (ébauche).

H. 37 c. L. 45 c.

11 — Un garde municipal à cheval.

H. 47 c. L. 38 c.

12 — Un lancier.

Ébauche.

H. 32 c. L. 24 c.

13 — Un caporal (troupe de ligne).

H. 37 c. L. 28 c.

14 — Tête d'un soldat mort.

Six études, d'après nature, sur la même toile.

H. 32 c. L. 40 c.

15 — Quatre autres études de la même tête.

H. 38 c. L. 45 c.

16 — Une autre étude.

H. 46 c. L. 37 c.

17 — Une autre étude.

18 — Étude de vieillard.

H. 23 c. L. 18 c.

19 et 20 — Tête de jeune homme.

Deux études.

21 — Maderakal, Abyssin.

Deux études sur la même toile.

H. 28 c. L. 31 c.

22 — Un vieillard assis.

H. 27 c. L. 22 c.

23 — Une étude de cheval blanc.

H. 65 c. L. 81 c.

24 et 25 — Deux études de chevaux.

H. 48 c. L. 59 c.

26 — Étude de cheval.

H. 45 c. L. 54 c.

27 — Étude de cheval.

H. 40 c. L. 32 c.

28 à 42 — Quinze études de chevaux.

H. 32 c. L. 40 c.

43 — Cheval à l'écurie.

H. 24 c. L. 32 c.

44 — Autre étude de cheval.

H. 38 c. L. 46 c.

45 — Étude de cheval.

H. 28 c. L. 25 c.

46 — Chevaux de trait harnachés.

H. 32 c. L. 24 c.

47 — Cheval mort.

H. 20 c. L. 31 c.

48 — Étude de cheval.

H. 23 c. L. 30 c

49 — Croupes de chevaux.

H. 20 c. L. 32 c.

50 — Têtes de chevaux.

Quatre études sur la même toile.

H. 54 c. L. 65 c.

52 — Une étude de cheval, d'après Géricault.

H. 24 c. L. 32 c.

15 - 53 — Deux croupes de chevaux, d'après Géricault. - Cain.

H. 32 c. L. 28 c.

69 - 54 — Armure de Jeanne d'Arc. - Lemarrois.

H. 81 c. L. 65 c.

85 - 55 — Armure allemande avec armoiries. - Lemarrois.

H. 81 c. L. 65 c.

76 - 56 — Diverses armures. - Siot.

Six études sur la même toile.

H. 35 c. L. 60 c.

70 - 57 — Deux autres armures. - Giacomelli.

H. 27 c. L. 30 c.

61 - 58 — Armure d'acier rehaussée d'or. - Black.

H. 30 c. L. 22 c.

35 - 59 — Autre armure dorée, à casque couronné. - Siot.

H. 40 c. L. 52 c.

22 - 60 — Une panoplie : casques, cuirasses et drapeaux. - Julian

H. 27 c. L. 32 c.

16 - 61 — Une autre panoplie : armes, casques et boucliers.

H. 32 c. L. 40 c.

11 / 17 } 62 — Hommes d'armes. - Gibsant.

Diverses études de têtes.

H. 45 c. L. 55 c.

25 - 63 — Nature morte, armes, etc.

H. 35 c. L. 25 c.

64 à 78 — Quinze académies diverses. Plusieurs vendues 5 francs et 3,50 : les autres retirées.

Peintes d'après nature.

Dessins et Aquarelles.

Giacomelli — 79 — Assaut de Constantine. — 30 f.

(Aquarelle.)

Serrat — 80 — Arrivée de la première colonne sur la brèche. — 30 f.

Le capitaine Potier est blessé mortellement.

(Sépia.)

Berville — 81 — Combat dans la Grande-Rue. — 15 f.

(Aquarelle.)

Black — 82 — Explosion de la mine préparée par les Arabes. — 120.

(Aquarelle.)

Black — 83 — Convoi de blessés surpris par les Arabes. — 115.

A nous!! 2ᵉ léger.

(Sépia.)

84 — Batterie servie par les Arabes et les Turcs.

(Sépia.)

de la Cannonne — 85 — Artillerie en marche (1838). — 16 f.

(Sépia.)

86 — Revue après la prise de Constantine. — 6 f.

(Sépia.)

Lainé — 87 — Passage de l'Oued-Zenati (1838). — 103.

(Sépia.)

Berville — 88 — Fuite des Arabes de Constantine. — 155.

(Sépia.)

89 — Marche de troupes sur Constantine.

(Aquarelle.)

90 — L'Embuscade, retraite de Constantine.

(Sépia.)

91 — Trait d'humanité du capitaine Péroni.

(Sépia.)

92 — Le bataillon Changarnier à la retraite de Constantine.

(Sépia.)

93 — Le chef d'escadron Richepanse soutenu par un zouave après l'explosion de la mine.

(Aquarelle.)

94 — Assaut de Constantine.

(Aquarelle.)

95 — Une rue de Constantine (1838).

(Aquarelle.)

96 — Le général Lamoricière.

(Sépia.)

97 — Bivouac près Sétif.

(Dessin à la plume.)

98 — Types militaires.

(Deux dessins.)

99 — Lutteurs arabes.

(Deux aquarelles.)

100 — Revue passée par l'empereur Nicolas au camp de Vossenensk (1837).

(Décalque.)

101 — L'OEil du Maître (Dresde, 1813).

(Sépia.)

102 — La Veille de la bataille.

(Sépia.)

103 — Le Lendemain.

(Sépia.)

104 — Le Bataillon sacré à Waterloo.

(Dessin.)

105 — Etat-major (1794).

(Sépia.)

106 — Les Grognards.

Ils grognaient et le suivaient toujours.

(Dessin.)

107 — Composition pour le siége de Rome.

(Dessin.)

108 — Changement de front en colonne (1836).

(Aquarelle.)

109 — La couronne offerte à Wamba.

(Sépia.)

110 — Bataille de Novare.

(Aquarelle.)

111 — Champ de bataille de Novare.

(Aquarelle.)

112 — Ambulance de Novare.

(Sépia.)

113 — La Rétraite du soir, à Novare.

(Aquarelle.)

114 — Soldats autrichiens en marche.

(Aquarelle.)

115 — Soldats autrichiens. Tenue de campagne.

(Aquarelle.)

116 — Soldats autrichiens (chasseurs). Tenue de campagne.

(Aquarelle.)

117 — Soldat autrichien. Régiment de François d'Este (duché de Modène).

(Aquarelle.)

118 — Tambour autrichien.

(Aquarelle.)

119 — Hulan. Régiment de l'archiduc Charles (Novare).

(Aquarelle.)

120 — Bersaglieri. Soldat.

(Aquarelle.)

121 — Bersaglieri. Soldat.

(A la plume.)

122 — Bersaglieri. Officiers.

Deux études de têtes.

(A la plume.)

123 — Officiers hongrois.

Deux études de têtes.

(A la plume.)

124 à 126 — Trois autres études de têtes.

(A la plume.)

Verdier – 127 — Berger italien (Subiaco, 1849). – 77.
(Aquarelle.)

Julian – 128 — Femme d'Alvito (royaume de Naples). – 75.
(Aquarelle.)

Serrat – 129 — Femme de Procida (1849). – 102.
(Aquarelle.)

Duquesne – 130 — Fileuse de Terracine (1849). – 61.
(Aquarelle.)

de la Sanonne – 131 — Campagnard des environs de Rome. – 76.
(Aquarelle.)

Petit – 132 — Fileuse. Costume des environs de Rome (1849). – 72
(Aquarelle.)

Jubin – 133 — Femme de la campagne de Rome (1849). – 55.
(Aquarelle.)

Giacomelli – 134 — Campagnard des environs de Rome (1849). – 60.
(Aquarelle.)

de la Sanonne – 135 — Femme de la campagne de Rome (1849). – 105.
(Aquarelle.)

Lacapère – 136 — Garibaldi à cheval. – 145.
(Aquarelle.)

Black – 137 — Un colonel de Garibaldi. – 60
(Aquarelle.)

Serrat – 138 — Un officier d'infanterie de Garibaldi. – 73.
(Aquarelle.)

de la Sanonne – 139 — Un officier de cavalerie de Garibaldi. – 82.
(Aquarelle.)

140 — Un soldat de Garibaldi.
(Aquarelle.)

141 — Autre soldat de Garibaldi.
(Aquarelle.)

142 — Hyena, chienne de Garibaldi.
(Aquarelle.)

143 — Tambour des Suisses de la garde papale (1849).
(Aquarelle.)

144 — Sergent des Suisses de la garde papale (1849).
(Aquarelle.)

145 — Un Suisse de la garde papale (1849).
(Aquarelle.)

146 — Marionnette romaine (Pulcinella, 1849).
(Aquarelle.)

147 — Femme de Procida.
(Aquarelle.)

148 — Paysanne d'Arpino.
(Aquarelle.)

149 — Femme de Cervara.
(Aquarelle.)

150 — Berger de Saracinesco.
(Aquarelle.)

151 — Berger assis, jouant du flageolet.
(Aquarelle.)

152 — Femme de la campagne.
(Aquarelle.)

153 — Lanciers du Haut-Rhin (Rome, 1849).

(Aquarelle.)

154 — Femme de Kissingen (1856).

(Aquarelle.)

155 — Soldat autrichien du régiment Kaiser.

(Aquarelle.)

156 — Chariot traîné par des bœufs (Casciana, 1857).

(Aquarelle.)

157 — Un moine prêcheur.

(Aquarelle.)

158 — Cosaque. Petite tenue.

(Aquarelle.)

159 — Suisse faisant feu.

(Aquarelle.)

160 — Drapeau de la 93e demi-brigade.

(Aquarelle.)

161 — Drapeau des gardes-françaises (1789).

(Aquarelle.)

162 — Porte-drapeau républicain.

(Aquarelle.)

163 — Groupe de gardes-françaises.

(Aquarelle.)

164 — Artilleur, Grande tenue.

(Aquarelle.)

165 — Soldat du génie.

(Aquarelle.)

50- 166 — Infanterie de ligne. Soldat. — Serrat.
(Aquarelle.

31- 167 — Pompier. Tenue d'incendie. — Serrat.
(Aquarelle.)

90- 168 — Soldat républicain. — Lamy.
(Crayon.)

30- 169 — Chasseur à pied.
(Crayon.)

41- 170 — Artilleurs espagnols (1846). — Berriot.
(Aquarelle.)

30- 171 — Tirailleurs indigènes (Constantine, 1854). — Giacomelli.
(Crayon.)

53- 172 — Spahis (1840). — Gibaut.
(Aquarelle.)

34- 173 — Pompier. Grande tenue d'hiver. — Serrat.
(Aquarelle.)

36- 174 — Chasseurs. Tirailleurs (1841). — Serrat.
(Aquarelles.)

17- 175 — Artillerie de la garde. Petite tenue. — Jabin.
(Aquarelle.)

21- 176 — Pompier. Tenue de promenade (1846). — Serrat.
(Aquarelle.)

99- 177 — Tambour-major (1847). — Petit.
(Aquarelle.)

21- 178 — Grenadier du 22e léger Petite tenue (1843) — Beugnot.
(Dessin.)

24- 179 — Chasseur à cheval. — Gibaut.
(Aquarelle.)

180 — Chasseur.

(Aquarelle.)

181 — Soldat malade.

Croquis.

(Dessin.)

182 — Clairon espagnol (1846).

(Aquarelle.)

183 — Officier de marine espagnole (1846).

(Aquarelle.)

184 — Infanterie française de ligne. Soldat assis (1843).

(Aquarelle.)

185 — Carabinier du 22e léger (1843).

(Aquarelle.)

186 — Sergent en marche (1839).

(Aquarelle.)

187 — Quatre soldats en tirailleurs.

Études pour le siége de Rome.

(Dessins.)

188 — Dix autres soldats.

Études pour le siége de Rome.

(Dessins.)

189 — Jeune abbé à Malines.

(A la plume.)

190 — Jeunes garçons sortant de l'école.

(A la plume.)

191 — Marchandes de verdure, à Liége.

(A la plume.)

192 — Femme de Berne.

(Deux aquarelles.)

193 — Petits paysans belges

(Deux aquarelles.)

194 — Paysans des environs de Rome.

(Aquarelle.)

195 — Costume espagnol de l'Andalousie.

(Aquarelle.)

195 bis. — Costume espagnol de la Catalogne.

196 — Gitanos (Perpignan, 1846).

(Aquarelle.)

197 — Joueur de cornemuse.

(Aquarelle.)

198 — Paludier breton.

(Aquarelle.)

199 — Femme tatare revenant de la fontaine (Crimée, 1837).

(Décalque.)

200 — Boucher et boulanger tatares (1837).

(Décalque.)

201 à 214 — Diverses études de Tatares et de Karaïmes.

(14 dessins au crayon.)

215 — Arabe accroupi (1840).

(Aquarelle.)

216 — Arabe mort.

(Aquarelle.)

217 — Profil d'un Tsigane.

(Aquarelle).

218 — Tête d'Arabe.

(Aquarelle.)

219 — Arabe debout.

(Aquarelle.)

220 — Arabe assis.

(Aquarelle.)

221 — Dame tatare.

(Fusain.)

222 — Abyssin debout.

(Aquarelle.)

223 — Arabe vu de dos.

(Aquarelle.)

224 — Chien-loup de Sibérie.

(Dessin.)

225 — Paysannes biscayennes (1846).

(Aquarelle.)

226 — Tondeur de mulets, gitanos.

(Aquarelle.)

227 — Quatre petits pauvres Toscans (1850).

(Aquarelle.)

228 — Armures historiques du Musée d'Ambras.

(Trois aquarelles exécutées à Vienne en 1856.)

229 — Hôtel de Ville de Bruxelles.

(Aquarelle.)

230 — Cathédrale d'Anvers.

(Aquarelle.)

231 — Cathédrale de Malines.

(Aquarelle.)

232 — Études de chevaux.

(Quatre dessins.)

233 — Cheval harnaché de général hongrois.

(Aquarelle.)

234 — Cheval harnaché, de général autrichien.

(Aquarelle.)

235 et 236 — Cheval nu du colonel Giulay.

(Dessin.)

237 — Cheval d'artillerie belge.

(Aquarelle.)

238 — Une aquarelle par Charlet : Brigand calabrais.

Dessins en feuilles.

239 — Costumes militaires français de diverses époques.

240 — Voyage en Crimée : compositions diverses.

241 — Voyage en Crimée : costumes et détails.

242 — Croquis militaires pour le siége de Rome.

243 — Artillerie et équipages de siége et de campagne de l'armée française depuis 1830.

244 — Costumes, armes et équipements espagnols.

245 — Armes, équipements et costumes autrichiens.

246 — Costumes militaires et armes belges.

247 — Armes et équipements militaires italiens.

248 — Costumes et armes suisses.

249 — Costumes anglais et renseignements divers.

250 — Académies et grandes études de draperies.

251 — Compositions diverses.

Costumes divers.

252 — Grenadier de la garde impériale.

253 — Chef d'escadron. Spahis.

254 — Garde de Paris (Empire).

255 — Soldat de Garibaldi (1849).

256 — Soldat autrichien.

257 — Franciscain.

258 — Garde d'honneur de Caen (Empire).

259 — République (1792).

260 — Circassien.

261 — Toge et sandales abyssiniennes.

262 — Turc.

263 — Femme tatare de Crimée.

263 bis. — Femme italienne.

264 — Smyrne.

265 — Hongrois.

266 — Zouaves, chasseurs d'Afrique, infanterie de ligne.

267 — Canonnier, chasseur de la garde impériale, matelot.

268 — Une quantité d'autres costumes.

Armes.

269 — Une carabine de muletier espagnol.

270 — Deux fusils arabes.

271 — Un fusil arabe.

272 — Un fusil marocain.

273 — Un fusil arabe damasquiné.

274 — Une arbalète avec son rouet.

275 — Un fusil à rouet.

276 — Deux carabines à rouet.

277 — Un tromblon arabe.

278 — Une carabine de chasseur allemand.

279 — Un fusil d'infanterie autrichienne.

280 — Une paire de pistolets à rouet.

281 — Deux pistolets arabes.

282 — Une paire de pistolets français, époque Louis XV.

283 — Un pistolet même époque.

284 — Une paire de pistolets d'arçon.

285 — Un sabre d'honneur donné par le Premier Consul au 2e régiment de chasseurs à cheval.

286 — Un sabre espagnol (Tolède, 1813).

287 — Un sabre de cavalerie légère. Officier russe.

288 — Un sabre d'infanterie. Officier russe.

289 — Cinq autres sabres divers de la République, etc.

290 — Plusieurs épées françaises et russes.

291 — Un poignard circassien.

292 — Une claymore écossaise.

293 — Un yatagan.

294 — Deux modèles de pièces d'artillerie de campagne, avec leurs caissons, etc.

295 — Deux modèles, pièces d'artillerie de rempart, avec caissons et affûts.

296 — Chevaux de frise.

296 bis — Tambour, clairon, etc.

297 — Une armure.

298 — Divers casques, dont un de mameluck.

299 — Deux cuirasses et casques de l'Empire.

300 — Hallebardes, flèches.

301 — Lyre abyssinienne.

302 — Une maquette en bois, cheval et cavalier.

303 — Plâtres d'animaux et figures.

304 — Chevalets, table à modèle, ustensiles d'atelier, etc.

RENOU et MAULDE, imprimeurs de la Compagnie des Commissaires-Priseurs, rue de Rivoli, 144. 10089

www.ingramcontent.com/pod-product-compliance
Ingram Content Group UK Ltd.
Pitfield, Milton Keynes, MK11 3LW, UK
UKHW021037260726
13994UKWH00005B/2202

9 782329 063706